The Forest of Little Wonders And Other Bilingual Italian-English Stories for Kids

Pomme Bilingual

Published by Pomme Bilingual, 2024.

THE FOREST OF LITTLE WONDERS AND OTHER BILINGUAL ITALIAN-ENGLISH STORIES FOR KIDS

First edition. August 19, 2024.

Copyright © 2024 Pomme Bilingual.

ISBN: 979-8227116796

Written by Pomme Bilingual.

Table of Contents

Il Bosco delle Piccole Meraviglie

C'era una volta, in un piccolo bosco nascosto tra le colline, una famiglia di animali molto speciale. Questo bosco era noto per le sue piante magiche e i suoi fiori parlanti. Gli abitanti di questo luogo incantato vivevano in pace e armonia, ognuno con il proprio piccolo rifugio tra gli alberi.

In una piccola casa fatta di rami intrecciati vivevano due amici inseparabili: Riccio, un timido riccio con una grande passione per i libri, e Gufo, un saggio gufo dal cuore gentile e dagli occhiali rotondi. Riccio e Gufo trascorrevano le giornate insieme, esplorando il bosco e scoprendo nuove meraviglie.

Un giorno, mentre stavano leggendo un vecchio libro di storie dimenticate, Gufo notò una pagina strappata. "C'è una pagina mancante, Riccio," disse Gufo, aggiustandosi gli occhiali. "Dobbiamo scoprire cosa c'era scritto."

Riccio guardò il buco nel libro con curiosità. "Forse possiamo chiedere agli altri abitanti del bosco," suggerì. Così, i due amici partirono per un'avventura.

La prima tappa fu la casa di Tartaruga, che viveva in una caverna accanto a un ruscello. Tartaruga era nota per la sua memoria lunga e per i suoi racconti di tempi antichi. "Tartaruga," chiese Gufo, "ricordi una storia che parla di una pagina mancante?"

Tartaruga ci pensò su, con calma. "Mi sembra di ricordare qualcosa," disse infine. "C'era una storia di un fiore segreto che cresce solo sotto la luna piena, ma non so se si tratta di quella pagina mancante."

Con un sorriso grato, Riccio e Gufo salutarono Tartaruga e si avviarono verso la radura dove viveva Volpe. Volpe era astuta e conosceva tutti i segreti del bosco. "Volpe," disse Riccio, "stiamo cercando una storia perduta. Hai mai sentito parlare di una pagina mancante?"

Volpe inclinò la testa pensierosa. "Forse," disse. "Si dice che ci sia un albero antico con foglie dorate che custodisce segreti dimenticati. Ma nessuno sa dove si trovi."

I due amici ringraziarono Volpe e continuarono il loro viaggio. Si fermarono da altri animali, ognuno con una parte del mistero da svelare, ma nessuno sapeva esattamente cosa fosse successo alla pagina mancante.

La notte stava calando e la luna piena iniziava a brillare nel cielo. "Forse non troveremo mai quella pagina," disse Riccio, un po' sconsolato.

Gufo, però, sorrideva. "Forse abbiamo già trovato quello che cercavamo," disse. "Guarda il bosco intorno a noi, Riccio. Ogni fiore, ogni albero, ogni creatura ha raccontato la sua parte di storia. Forse la pagina mancante non era nel libro, ma è stata qui, nel bosco, tutto il tempo."

Riccio guardò il bosco con occhi nuovi. "Hai ragione, Gufo. Il vero tesoro è stato il viaggio che abbiamo fatto e le storie che abbiamo scoperto lungo il cammino."

E così, i due amici tornarono a casa, con il cuore pieno di nuove storie da raccontare. La pagina mancante non fu mai trovata, ma in quel piccolo bosco, ogni giorno portava con sé una nuova avventura, e ogni avventura una nuova storia.

The Forest of Little Wonders

Once upon a time, in a small forest hidden among the hills, there lived a very special family of animals. This forest was known for its magical plants and talking flowers. The inhabitants of this enchanted place lived in peace and harmony, each with their own little shelter among the trees.

In a small house made of intertwined branches lived two inseparable friends: Hedgehog, a shy hedgehog with a great passion for books, and Owl, a wise owl with a kind heart and round glasses. Hedgehog and Owl spent their days together, exploring the forest and discovering new wonders.

One day, while they were reading an old book of forgotten stories, Owl noticed a torn page. "There's a missing page, Hedgehog," said Owl, adjusting his glasses. "We must find out what was written on it."

Hedgehog looked at the hole in the book with curiosity. "Maybe we can ask the other inhabitants of the forest," he suggested. So, the two friends set out on an adventure.

The first stop was Turtle's house, who lived in a cave next to a stream. Turtle was known for her long memory and her tales of ancient times. "Turtle," asked Owl, "do you remember a story about a missing page?"

Turtle thought about it, slowly. "I seem to recall something," she finally said. "There was a story about a secret flower that blooms only under the full moon, but I'm not sure if it's the missing page you're looking for."

With a grateful smile, Hedgehog and Owl bid Turtle farewell and headed towards the clearing where Fox lived. Fox was cunning and knew all the secrets of the forest. "Fox," said Hedgehog, "we're looking for a lost story. Have you ever heard of a missing page?"

Fox tilted her head thoughtfully. "Maybe," she said. "It's said that there is an ancient tree with golden leaves that holds forgotten secrets. But no one knows where it is."

The two friends thanked Fox and continued on their journey. They stopped by other animals, each with a piece of the mystery to reveal, but no one knew exactly what had happened to the missing page.

Night was falling, and the full moon began to shine in the sky. "Maybe we'll never find that page," said Hedgehog, a little disheartened.

Owl, however, was smiling. "Perhaps we've already found what we were looking for," he said. "Look at the forest around us, Hedgehog. Every flower, every tree, every creature has told its part of the story. Maybe the missing page wasn't in the book, but has been here, in the forest, all along."

Hedgehog looked at the forest with new eyes. "You're right, Owl. The real treasure was the journey we took and the stories we discovered along the way."

And so, the two friends returned home, with hearts full of new stories to tell. The missing page was never found, but in that little forest, each day brought a new adventure, and each adventure a new story.

Le Avventure di Pino e Pepe

In un piccolo villaggio immerso nel verde di una valle nascosta, vivevano due amici inseparabili: Pino, un curioso scoiattolo dal pelo rosso, e Pepe, un vivace topo di campagna con un naso sempre in cerca di avventure. Pino e Pepe erano conosciuti da tutti gli abitanti del villaggio per il loro spirito d'avventura e per il legame che li univa. Passavano le giornate esplorando i campi, arrampicandosi sugli alberi e scoprendo i segreti del bosco circostante.

Un giorno, mentre si trovavano vicino al grande albero di quercia dove spesso si riposavano, Pepe notò qualcosa di insolito tra le radici. "Guarda, Pino!" esclamò. "C'è una vecchia mappa nascosta qui sotto!"

Pino corse subito a vedere. "Che mappa strana!" disse. Era una mappa antica, con i bordi consumati e segnata da misteriosi simboli. Al centro della mappa c'era un grande cerchio con scritto "Il Tesoro dei Sette Sentieri".

"Un tesoro! Dobbiamo trovarlo!" disse Pepe, con gli occhi che brillavano di entusiasmo.

"E se fosse pericoloso?" chiese Pino, sempre un po' più prudente.

"Non lo sapremo mai se non ci proviamo!" rispose Pepe, già immaginando avventure incredibili. Alla fine, Pino non poté resistere alla curiosità e accettò di accompagnare il suo amico.

Così, armati della mappa e di una buona dose di coraggio, Pino e Pepe iniziarono la loro avventura. La mappa indicava sette sentieri, ciascuno con una prova da superare, e ogni sentiero conduceva a un nuovo indizio per trovare il tesoro.

Il primo sentiero li portò al Fiume delle Sorgenti Scintillanti. Qui, la mappa diceva che avrebbero dovuto attraversare il fiume su una barca costruita con foglie giganti. "Sembra semplice," disse Pepe, ma quando provarono a costruire la barca, si resero conto che le foglie erano molto scivolose. Dopo molti tentativi e risate, riuscirono a legare insieme le foglie e attraversarono il fiume, imparando l'importanza della pazienza e della collaborazione.

Il secondo sentiero li portò alla Montagna delle Ombre Luminose. Qui, il sole brillava solo per pochi minuti al giorno, e le ombre degli alberi danzavano come fossero vive. "Dobbiamo attraversare la montagna prima che il sole tramonti," disse Pino. Corsero e saltarono tra le ombre, trovando la strada giusta grazie ai raggi di sole che li guidavano, imparando l'importanza della velocità e dell'osservazione.

Il terzo sentiero era forse il più difficile: il Bosco dei Sussurri. Questo bosco era noto per i suoi suoni misteriosi che confondevano chiunque lo attraversasse. "Dobbiamo rimanere concentrati e non farci ingannare," disse Pepe. Camminarono lentamente, ascoltando con attenzione e ignorando i suoni che cercavano di sviare il loro cammino. Alla fine, trovarono un vecchio albero cavo con un nuovo indizio al suo interno, imparando l'importanza della concentrazione e della calma.

Il quarto sentiero li portò alla Palude dei Rimbalzi, un luogo pieno di strani funghi elastici. "Dobbiamo saltare da un fungo all'altro senza cadere nella palude," disse Pino. Con grande abilità e un pizzico di fortuna, rimbalzarono da un fungo all'altro, ridendo a crepapelle quando un salto finiva in un atterraggio maldestro. Ma alla fine, riuscirono a raggiungere l'altro lato, imparando l'importanza della coordinazione e della fiducia in se stessi.

Il quinto sentiero era il Deserto delle Dune Danzerine. Qui, la sabbia si muoveva come onde del mare, e ogni passo poteva essere ingannevole. "Dobbiamo camminare leggeri come il vento," disse Pepe. Avanzarono lentamente, cercando di non affondare nelle dune mobili, imparando l'importanza della leggerezza e della sensibilità.

Il sesto sentiero li portò al Lago degli Specchi, dove l'acqua rifletteva tutto come un enorme specchio. "Dobbiamo trovare l'unica barca che non è un riflesso," disse Pino. Osservarono con attenzione fino a trovare la vera barca e attraversarono il lago, imparando l'importanza della percezione e della realtà.

Infine, arrivarono al settimo sentiero, la Grotta dei Ricordi Perduti. All'interno, la grotta era buia e silenziosa, ma lungo le pareti c'erano delle piccole luci che mostravano scene di ricordi passati. "Non dobbiamo perderci in questi ricordi," disse Pepe, ma la tentazione di fermarsi e rivivere i bei momenti era forte. Resero omaggio a quei ricordi e continuarono a camminare, trovando alla fine un piccolo scrigno.

Aprirono lo scrigno e dentro trovarono... una semplice piuma dorata.

"È tutto qui?" chiese Pino, un po' deluso.

Ma Pepe prese la piuma e la osservò attentamente. "Questa è una piuma di speranza," disse. "Non è un tesoro materiale, ma qualcosa di molto più prezioso. Ci ricorda che la vera ricchezza è nelle esperienze che viviamo e nelle amicizie che coltiviamo."

Pino sorrise. "Hai ragione, Pepe. Abbiamo attraversato sentieri difficili, ma li abbiamo superati insieme, e questo è il vero tesoro."

Con il cuore leggero e la piuma dorata come simbolo della loro avventura, Pino e Pepe tornarono al villaggio. Da quel giorno, raccontarono a tutti le loro incredibili avventure e mostrarono la piuma come segno di ciò che avevano imparato. Il loro viaggio non solo li aveva resi più forti, ma aveva anche rafforzato la loro amicizia.

E così, ogni volta che qualcuno chiedeva del tesoro dei Sette Sentieri, Pino e Pepe sorridevano e rispondevano: "Il vero tesoro è l'avventura stessa e tutto quello che si impara lungo la strada."

The Adventures of Pino and Pepe

In a small village nestled in the green of a hidden valley, there lived two inseparable friends: Pino, a curious red-furred squirrel, and Pepe, a lively field mouse with a nose always in search of adventures. Pino and Pepe were known by all the villagers for their adventurous spirit and the strong bond that united them. They spent their days exploring the fields, climbing trees, and discovering the secrets of the surrounding forest.

One day, while they were near the great oak tree where they often rested, Pepe noticed something unusual among the roots. "Look, Pino!" he exclaimed. "There's an old map hidden here!"

Pino quickly ran over to see. "What a strange map!" he said. It was an ancient map, with worn edges and marked by mysterious symbols. At the center of the map was a large circle with the words "The Treasure of the Seven Paths."

"A treasure! We must find it!" said Pepe, his eyes shining with excitement.

"What if it's dangerous?" asked Pino, always a bit more cautious.

"We'll never know if we don't try!" replied Pepe, already imagining incredible adventures. In the end, Pino couldn't resist his curiosity and agreed to accompany his friend.

So, armed with the map and a good dose of courage, Pino and Pepe began their adventure. The map indicated seven paths, each with a challenge to overcome, and every path led to a new clue to find the treasure.

The first path took them to the River of Shimmering Springs. Here, the map said they would have to cross the river on a boat made of giant leaves. "Sounds simple," said Pepe, but when they tried to build the boat, they realized the leaves were very slippery. After many attempts and laughs, they managed to tie the leaves together and crossed the river, learning the importance of patience and teamwork.

The second path led them to the Mountain of Glowing Shadows. Here, the sun shone for only a few minutes each day, and the shadows of the trees danced as if they were alive. "We must cross the mountain before the sun sets," said Pino. They ran and jumped among the shadows, finding the right path thanks to the guiding sunbeams, learning the importance of speed and observation.

The third path was perhaps the hardest: the Forest of Whispers. This forest was known for its mysterious sounds that confused anyone who crossed it. "We must stay focused and not be misled," said Pepe. They walked slowly, listening carefully and ignoring the sounds that tried to divert their path. In the end, they found an old hollow tree with a new clue inside, learning the importance of concentration and calm.

The fourth path took them to the Bouncing Swamp, a place full of strange elastic mushrooms. "We must jump from one mushroom to another without falling into the swamp," said Pino. With great skill and a bit of luck, they bounced from one mushroom to another, laughing uproariously when a jump ended in a clumsy landing. But in the end, they managed to reach the other side, learning the importance of coordination and self-confidence.

The fifth path was the Desert of Dancing Dunes. Here, the sand moved like waves of the sea, and each step could be deceptive. "We must walk as lightly as the wind," said Pepe. They moved slowly, trying not to sink into the shifting dunes, learning the importance of lightness and sensitivity.

The sixth path led them to the Lake of Mirrors, where the water reflected everything like a giant mirror. "We must find the only boat that is not a reflection," said Pino. They observed carefully until they found the real boat and crossed the lake, learning the importance of perception and reality.

Finally, they reached the seventh path, the Cave of Lost Memories. Inside, the cave was dark and silent, but along the walls, there were small lights showing scenes of past memories. "We must not get lost in these memories," said Pepe, but the temptation to stop and relive the good moments was strong. They paid tribute to those memories and continued walking, eventually finding a small chest.

They opened the chest and inside they found... a simple golden feather.

"Is this all?" asked Pino, a little disappointed.

But Pepe took the feather and observed it closely. "This is a feather of hope," he said. "It's not a material treasure, but something much more precious. It reminds us that the real wealth is in the experiences we live and the friendships we cultivate."

Pino smiled. "You're right, Pepe. We have crossed difficult paths, but we have overcome them together, and that is the real treasure."

With light hearts and the golden feather as a symbol of their adventure, Pino and Pepe returned to the village. From that day on, they told everyone about their incredible adventures and showed the feather as a sign of what they had learned. Their journey had not only made them stronger, but it had also strengthened their friendship.

And so, whenever someone asked about the Treasure of the Seven Paths, Pino and Pepe would smile and reply: "The true treasure is the adventure itself and everything you learn along the way."

La Collina delle Quattro Stagioni

C'era una volta, in un piccolo villaggio ai piedi di una collina incantata, una coppia di amici molto speciale: Giulio, un coniglietto bianco con lunghe orecchie, e Lino, un giovane riccio con un cuore grande e un carattere tranquillo. Il loro villaggio era circondato da prati fioriti e alberi maestosi, ma ciò che lo rendeva unico era la collina che sorgeva proprio al centro. Questa collina era conosciuta come la Collina delle Quattro Stagioni, perché sulla sua sommità si potevano vivere tutte e quattro le stagioni in un solo giorno.

Giulio e Lino amavano esplorare la collina, cercando sempre nuove avventure. Ogni mattina, partivano di buon'ora con uno zainetto pieno di provviste, pronti a scoprire cosa la collina avesse in serbo per loro.

Un giorno, mentre si trovavano ai piedi della collina, notarono un vecchio cartello mezzo sepolto sotto le foglie autunnali. "Guarda, Lino! C'è qualcosa scritto qui!" esclamò Giulio, sempre curioso.

Lino si avvicinò e, spazzando via le foglie, lesse ad alta voce: "Sulla Collina delle Quattro Stagioni, chi cerca con cuore sincero troverà il Segreto del Tempo."

"Il Segreto del Tempo?" ripeté Giulio, con gli occhi che brillavano di eccitazione. "Dobbiamo scoprirlo! Chissà cosa potrebbe essere!"

"Ma la collina è vasta e le stagioni cambiano in un attimo. Non sarà facile," disse Lino, sempre prudente.

"Proprio per questo sarà divertente!" rispose Giulio, già iniziando a salire verso la cima.

E così, i due amici iniziarono la loro avventura. La collina era divisa in quattro parti, ognuna rappresentava una stagione diversa. Decisero di esplorarle tutte, convinti che il Segreto del Tempo fosse nascosto in una di esse.

La prima parte della collina che incontrarono era avvolta in un bianco manto di neve. Era l'inverno, con il vento che soffiava freddo tra gli alberi spogli. "Brrr, fa freddo qui," disse Giulio, stringendosi nel suo cappotto. Ma poi notò delle tracce nella neve. "Guarda, Lino! Ci sono delle impronte!"

Seguirono le impronte fino a una piccola caverna, dove trovarono un orso addormentato. "Sta ibernando," sussurrò Lino. Accanto all'orso c'era una vecchia clessidra. "Forse questa clessidra ci dirà qualcosa sul Segreto del Tempo," disse Giulio. Ma quando provarono a toccarla, l'orso si svegliò e li guardò con occhi assonnati.

"Non disturbate il mio sonno," disse l'orso con una voce gentile ma ferma. "Il tempo dell'inverno è per il riposo e la riflessione. La clessidra rappresenta il tempo che scorre lentamente, ma con pazienza tutto arriva a suo tempo."

Giulio e Lino ringraziarono l'orso e uscirono dalla caverna, comprendendo che il tempo dell'inverno era dedicato alla calma e alla preparazione.

Continuarono la loro salita e presto raggiunsero la parte primaverile della collina. Qui, i fiori sbocciavano in ogni angolo, e l'aria era piena di profumi freschi. "Che meraviglia!" esclamò Giulio, correndo tra i prati fioriti. Lino, che amava i fiori, si fermò ad annusarne uno, ma notò qualcosa di strano.

"Guarda qui, Giulio. Questo fiore non ha ancora sbocciato," disse indicando un bocciolo chiuso. Si avvicinarono e videro un piccolo elfo che cercava di aprire il fiore.

"Perché non si apre?" chiese Giulio.

"Ogni cosa a suo tempo," rispose l'elfo sorridendo. "La primavera è la stagione della crescita e del rinnovamento, ma bisogna avere pazienza. Questo fiore sboccerà quando sarà pronto, e non un momento prima."

Capirono che la primavera insegnava loro la pazienza e il rispetto dei tempi naturali. Ringraziarono l'elfo e proseguirono verso la parte estiva della collina.

L'estate era calda e accogliente, con il sole alto nel cielo e i frutti maturi sugli alberi. Giulio e Lino si godettero l'ombra di un grande albero e gustarono delle dolci fragole. "L'estate è la stagione del raccolto," disse Lino, osservando i campi dorati. "Qui si vedono i frutti del nostro lavoro."

Mentre si riposavano, sentirono un ronzio e videro un'ape indaffarata a raccogliere nettare. "L'estate è anche il tempo del lavoro," disse l'ape, fermandosi un attimo. "Dobbiamo sfruttare al meglio questo periodo per raccogliere ciò che abbiamo seminato nelle stagioni precedenti."

Giulio e Lino rifletterono sulle parole dell'ape, comprendendo che l'estate rappresentava il culmine del loro impegno. Dopo aver ringraziato l'ape, continuarono il loro cammino, salendo verso l'autunno.

La parte autunnale della collina era un tripudio di colori caldi: foglie rosse, arancioni e gialle coprivano il terreno. Giulio e Lino camminarono attraverso un tappeto di foglie croccanti, ammirando la bellezza della stagione. "L'autunno è la stagione del cambiamento," disse Lino, osservando una foglia che si staccava da un albero e fluttuava dolcemente verso terra.

Più avanti, trovarono un vecchio saggio seduto su un tronco d'albero. "Benvenuti, giovani avventurieri," disse il saggio con un sorriso. "L'autunno ci insegna a lasciar andare ciò che non serve più, a prepararci per l'inverno che verrà. Il tempo è ciclico, e ogni fine porta con sé un nuovo inizio."

Giulio e Lino ascoltarono con attenzione, realizzando che il Segreto del Tempo non era nascosto in un luogo preciso, ma era presente in ogni stagione, in ogni momento che vivevano sulla collina.

Dopo aver salutato il saggio, i due amici raggiunsero finalmente la cima della Collina delle Quattro Stagioni. Da lì, potevano vedere tutto il villaggio, circondato dalla bellezza delle stagioni che cambiavano in armonia. Si sedettero su una grande pietra piatta e rifletterono sulla loro avventura.

"Abbiamo imparato molto oggi," disse Giulio, guardando il cielo che cambiava colore con il passare delle ore.

"Sì," rispose Lino, "il Segreto del Tempo è nel modo in cui viviamo ogni stagione della vita. Ogni stagione ha il suo valore e la sua bellezza, e dobbiamo rispettare il ritmo naturale delle cose."

Con il cuore leggero e il sorriso sul volto, Giulio e Lino decisero di scendere dalla collina, portando con sé la saggezza che avevano acquisito. Da quel giorno, ogni volta che qualcuno nel villaggio parlava della Collina delle Quattro Stagioni, Giulio e Lino raccontavano la loro avventura e insegnavano a tutti l'importanza di vivere in armonia con il tempo e con le stagioni.

The Hill of the Four Seasons

Once upon a time, in a small village at the foot of an enchanted hill, there lived a very special pair of friends: Giulio, a white bunny with long ears, and Lino, a young hedgehog with a big heart and a calm demeanor. Their village was surrounded by blooming meadows and majestic trees, but what made it unique was the hill that stood right at its center. This hill was known as the Hill of the Four Seasons because, at its summit, you could experience all four seasons in a single day.

Giulio and Lino loved exploring the hill, always looking for new adventures. Every morning, they set out early with a backpack full of provisions, ready to discover what the hill had in store for them.

One day, as they were at the foot of the hill, they noticed an old sign half-buried under autumn leaves. "Look, Lino! There's something written here!" exclaimed Giulio, always curious.

Lino approached and, brushing away the leaves, read aloud: "On the Hill of the Four Seasons, those who seek with a sincere heart will find the Secret of Time."

"The Secret of Time?" repeated Giulio, his eyes sparkling with excitement. "We have to find out what it is! Who knows what it could be!"

"But the hill is vast, and the seasons change in an instant. It won't be easy," said Lino, always cautious.

"That's exactly why it will be fun!" replied Giulio, already starting to climb toward the top.

And so, the two friends began their adventure. The hill was divided into four parts, each representing a different season. They decided to explore them all, convinced that the Secret of Time was hidden in one of them.

The first part of the hill they encountered was covered in a white blanket of snow. It was winter, with the wind blowing coldly through the bare trees. "Brrr, it's cold here," said Giulio, wrapping himself tighter in his coat. But then he noticed some tracks in the snow. "Look, Lino! There are footprints!"

They followed the footprints to a small cave, where they found a sleeping bear. "He's hibernating," whispered Lino. Next to the bear was an old hourglass. "Maybe this hourglass will tell us something about the Secret of Time," said Giulio. But when they tried to touch it, the bear woke up and looked at them with sleepy eyes.

"Don't disturb my sleep," said the bear in a gentle but firm voice. "Winter is a time for rest and reflection. The hourglass represents time that flows slowly, but with patience, everything comes in its own time."

Giulio and Lino thanked the bear and left the cave, understanding that the time of winter was dedicated to calmness and preparation.

They continued their climb and soon reached the spring section of the hill. Here, flowers bloomed everywhere, and the air was filled with fresh scents. "How wonderful!" exclaimed Giulio, running through the flower-filled meadows. Lino, who loved flowers, stopped to smell one, but noticed something strange.

"Look here, Giulio. This flower hasn't bloomed yet," he said, pointing to a closed bud. They approached and saw a small elf trying to open the flower.

"Why won't it open?" asked Giulio.

"Everything in its own time," replied the elf, smiling. "Spring is the season of growth and renewal, but you must have patience. This flower will bloom when it's ready, and not a moment before."

They realized that spring taught them patience and respect for natural timing. They thanked the elf and moved on to the summer section of the hill.

Summer was warm and welcoming, with the sun high in the sky and ripe fruit on the trees. Giulio and Lino enjoyed the shade of a large tree and savored some sweet strawberries. "Summer is the season of harvest," said Lino, observing the golden fields. "Here you see the fruits of our labor."

As they rested, they heard a buzzing sound and saw a busy bee collecting nectar. "Summer is also the time for work," said the bee, pausing for a moment. "We must make the most of this period to gather what we planted in the previous seasons."

Giulio and Lino reflected on the bee's words, understanding that summer represented the peak of their efforts. After thanking the bee, they continued their journey, climbing toward autumn.

The autumn section of the hill was a riot of warm colors: red, orange, and yellow leaves covered the ground. Giulio and Lino walked through a carpet of crunchy leaves, admiring the season's beauty. "Autumn is the season of change," said Lino, watching a leaf detach from a tree and gently float to the ground.

Further along, they found an old sage sitting on a tree trunk. "Welcome, young adventurers," said the sage with a smile. "Autumn teaches us to let go of what is no longer needed, to prepare for the coming winter. Time is cyclical, and every ending brings a new beginning."

Giulio and Lino listened attentively, realizing that the Secret of Time wasn't hidden in a specific place but was present in every season, in every moment they experienced on the hill.

After bidding farewell to the sage, the two friends finally reached the summit of the Hill of the Four Seasons. From there, they could see the entire village, surrounded by the beauty of the seasons changing in harmony. They sat on a large flat stone and reflected on their adventure.

"We've learned a lot today," said Giulio, looking at the sky, which changed color with the passing hours.

"Yes," replied Lino, "the Secret of Time lies in how we live each season of life. Each season has its value and beauty, and we must respect the natural rhythm of things."

With light hearts and smiles on their faces, Giulio and Lino decided to descend from the hill, carrying with them the wisdom they had gained. From that day on, whenever someone in the village spoke of the Hill of the Four Seasons, Giulio and Lino would share their adventure and teach everyone the importance of living in harmony with time and the seasons.

27

La Lampada Magica

In un piccolo villaggio immerso nella natura, vivevano due amici inseparabili: Tommaso, un topolino avventuroso, e Carlotta, una coccinella curiosa e intelligente. Il loro villaggio era circondato da colline verdi e rigogliose foreste, ma la loro curiosità li portava sempre a cercare nuovi luoghi da esplorare e misteri da risolvere.

Un giorno, mentre passeggiavano nei boschi, trovarono una vecchia lampada d'ottone semi sepolta sotto un cespuglio di rose. Tommaso, sempre attratto da cose strane e misteriose, la raccolse e iniziò a strofinarla per pulirla.

"Chissà se questa è una di quelle lampade magiche che si leggono nelle storie," disse Tommaso, scherzando.

Ma non appena finì di pronunciare queste parole, dalla lampada uscì una lieve nebbia dorata che si trasformò in una piccola fata scintillante. La fata si stiracchiò le ali e guardò i due amici con un sorriso gentile.

"Grazie per avermi liberata," disse la fata con una voce dolce. "Io sono Livia, la fata delle Stagioni. Per la vostra gentilezza, vi offrirò un dono speciale: la possibilità di vivere un'avventura in ogni stagione dell'anno, in un solo giorno."

Tommaso e Carlotta si guardarono entusiasti. "Ci piacerebbe moltissimo!" esclamarono insieme.

"Molto bene," disse Livia. "Tenetevi pronti. Ogni stagione vi porterà in un luogo magico, dove dovrete affrontare una sfida per scoprire il segreto di quella stagione. Ma non abbiate paura, io sarò sempre con voi."

La fata fece un piccolo movimento con la mano, e in un istante, Tommaso e Carlotta si ritrovarono in un mondo completamente diverso. Erano nel bel mezzo di una vasta pianura coperta da un manto di neve bianca e soffice. L'inverno li avvolse con il suo freddo pungente, ma allo stesso tempo affascinante.

"Benvenuti nell'inverno," disse Livia, volando accanto a loro. "Qui troverete la prima sfida. Dovete attraversare il Lago di Ghiaccio Senza Rompere il Velo."

Tommaso guardò l'enorme lago ghiacciato che si estendeva davanti a loro. "Dovremo camminare sul ghiaccio senza romperlo?" chiese.

"Esattamente," rispose la fata. "Ma c'è un trucco: dovete muovervi con delicatezza e coordinazione, come se foste parte della danza dell'inverno."

Carlotta, che era sempre stata leggera e graziosa, fece il primo passo sul ghiaccio. "Prova a muoverti lentamente, Tommaso, come faccio io," disse.

Tommaso annuì e seguì il suo esempio. Avanzarono lentamente, trovando il ritmo giusto e muovendosi insieme in perfetta armonia. Quando raggiunsero l'altra sponda del lago, la fata Livia li accolse con un sorriso.

"Avete imparato la lezione dell'inverno: la pazienza e la delicatezza vi permettono di affrontare le sfide più difficili," disse la fata. Con un altro gesto della mano, li trasportò nella stagione successiva.

Ora si trovavano in un giardino pieno di fiori colorati e alberi in fiore. La primavera era arrivata, portando con sé un'aria fresca e profumata. "Ecco la sfida della primavera," disse Livia. "Dovete trovare il Fiore della Rinascita nascosto in questo giardino."

Tommaso e Carlotta si misero subito alla ricerca, esplorando ogni angolo del giardino. C'erano fiori di ogni forma e colore, ma nessuno sembrava essere quello giusto. "Come faremo a trovarlo?" chiese Tommaso, un po' scoraggiato.

"La primavera è una stagione di crescita e di nuove possibilità," rispose Livia. "Per trovare il Fiore della Rinascita, dovete aprire il cuore e lasciarvi guidare dall'intuito."

Carlotta chiuse gli occhi e si concentrò, lasciando che il profumo dei fiori la guidasse. Camminò lentamente, sentendo un'energia speciale provenire da una piccola parte del giardino. Quando aprì gli occhi, vide un fiore nascosto tra i rami di un cespuglio.

"Eccolo!" esclamò, raccogliendo il fiore delicatamente.

"Avete imparato la lezione della primavera: ascoltare il cuore e avere fiducia nell'istinto vi condurranno alla crescita e al rinnovamento," disse Livia, e con un altro movimento della mano, li portò alla stagione successiva.

L'estate li accolse con il caldo sole e il suono delle onde che si infrangevano sulla spiaggia. "Ora dovete affrontare la sfida dell'estate," disse Livia. "In questo mare troverete delle perle preziose, ma per raccoglierle dovrete affrontare le correnti e i venti."

Tommaso e Carlotta si tuffarono nell'acqua azzurra. Il mare era calmo in superficie, ma sotto, le correnti erano forti e imprevedibili. "Dobbiamo nuotare con attenzione e sfruttare le correnti a nostro favore," disse Carlotta, cercando di mantenere l'equilibrio.

Tommaso annuì e seguì la sua amica, cercando di muoversi con il flusso dell'acqua anziché contro di essa. Dopo aver esplorato i fondali, trovarono un gruppo di conchiglie, ciascuna contenente una perla luminosa. "Ce l'abbiamo fatta!" gridò Tommaso, felice.

"La lezione dell'estate è imparare a sfruttare le risorse che avete a disposizione e a lavorare in armonia con le forze della natura," disse Livia, mentre li trasportava all'ultima stagione.

L'autunno li circondò con i suoi colori caldi e il fruscio delle foglie sotto i loro piedi. "L'ultima sfida vi aspetta qui, nell'autunno," disse Livia. "Dovete trovare il Frutto della Saggezza nascosto tra gli alberi di questa foresta."

Tommaso e Carlotta iniziarono a camminare tra gli alberi carichi di frutti maturi. L'aria era fresca, e un lieve vento soffiava tra le foglie, portando con sé un senso di calma e riflessione. Dopo un po', videro un albero imponente, con un solo frutto dorato pendente dal ramo più alto.

"Quello deve essere il Frutto della Saggezza," disse Tommaso.

"Ma come facciamo a raggiungerlo?" chiese Carlotta, osservando l'altezza del ramo.

"Dovete usare l'intelligenza e la collaborazione," rispose Livia. "Non tutte le sfide si superano con la forza. A volte, la saggezza consiste nel trovare una soluzione creativa insieme."

Tommaso ebbe un'idea. "Carlotta, tu sei piccola e leggera. Se ti arrampichi su di me, riuscirai a raggiungere il ramo."

Carlotta sorrise e fece come suggerito da Tommaso. Con delicatezza, si arrampicò sulla schiena del suo amico e riuscì a cogliere il frutto dorato. "L'abbiamo preso!" esclamò felice.

"La lezione dell'autunno è l'importanza della saggezza e della collaborazione per superare le sfide della vita," disse Livia. "Avete completato tutte le sfide e ora siete pronti a tornare a casa."

Con un ultimo gesto della mano, la fata Livia li riportò nel loro villaggio, proprio accanto al cespuglio di rose dove avevano trovato la lampada.

"Grazie, Livia, per questa meravigliosa avventura," dissero Tommaso e Carlotta all'unisono.

"Non dimenticate mai le lezioni che avete imparato," disse la fata, mentre svaniva in una nuvola dorata. "Ogni stagione ha i suoi segreti, e il vero segreto del tempo è vivere ogni momento con attenzione e cuore aperto."

Tommaso e Carlotta si guardarono, sorridenti e arricchiti dall'esperienza. Da quel giorno, ogni volta che vedevano cambiare le stagioni, ricordavano la loro avventura con Livia e cercavano di applicare le lezioni apprese nella loro vita quotidiana.

E così, anche nel piccolo villaggio, si raccontava spesso la storia del topolino e della coccinella che scoprirono il segreto delle stagioni, insegnando a tutti che ogni momento è prezioso e che bisogna affrontare la vita con pazienza, fiducia, armonia e saggezza.

The Magic Lamp

———

In a small village surrounded by nature, lived two inseparable friends: Tommaso, an adventurous little mouse, and Carlotta, a curious and intelligent ladybug. Their village was surrounded by green hills and lush forests, but their curiosity always led them to seek out new places to explore and mysteries to solve.

One day, while walking in the woods, they found an old brass lamp half-buried under a rose bush. Tommaso, always attracted to strange and mysterious things, picked it up and began to rub it to clean it.

"I wonder if this is one of those magic lamps you read about in stories," Tommaso said, jokingly.

But as soon as he finished saying these words, a soft golden mist emerged from the lamp, transforming into a small sparkling fairy. The fairy stretched her wings and looked at the two friends with a gentle smile.

"Thank you for freeing me," said the fairy in a sweet voice. "I am Livia, the Fairy of the Seasons. For your kindness, I will offer you a special gift: the opportunity to experience an adventure in each season of the year, all in one day."

Tommaso and Carlotta looked at each other excitedly. "We would love that!" they exclaimed together.

"Very well," said Livia. "Get ready. Each season will take you to a magical place where you will have to face a challenge to discover the secret of that season. But don't be afraid, I will always be with you."

The fairy made a small movement with her hand, and in an instant, Tommaso and Carlotta found themselves in a completely different world. They were in the middle of a vast plain covered with a soft white blanket of snow. Winter enveloped them with its biting, yet fascinating, cold.

"Welcome to winter," said Livia, flying beside them. "Here you will find the first challenge. You must cross the Ice Lake Without Breaking the Veil."

Tommaso looked at the enormous frozen lake stretching out before them. "We have to walk on the ice without breaking it?" he asked.

"Exactly," replied the fairy. "But there's a trick: you must move with delicacy and coordination, as if you were part of the winter's dance."

Carlotta, who had always been light and graceful, took the first step onto the ice. "Try to move slowly, Tommaso, like I do," she said.

Tommaso nodded and followed her example. They advanced slowly, finding the right rhythm and moving together in perfect harmony. When they reached the other side of the lake, Fairy Livia greeted them with a smile.

"You have learned the lesson of winter: patience and delicacy allow you to overcome the most difficult challenges," said the fairy. With another wave of her hand, she transported them to the next season.

Now they were in a garden full of colorful flowers and blooming trees. Spring had arrived, bringing with it fresh and fragrant air. "Here is the challenge of spring," said Livia. "You must find the Flower of Rebirth hidden in this garden."

Tommaso and Carlotta immediately began searching, exploring every corner of the garden. There were flowers of every shape and color, but none seemed to be the right one. "How will we find it?" asked Tommaso, feeling a bit discouraged.

"Spring is a season of growth and new possibilities," replied Livia. "To find the Flower of Rebirth, you must open your heart and let yourself be guided by intuition."

Carlotta closed her eyes and concentrated, letting the scent of the flowers guide her. She walked slowly, feeling a special energy coming from a small part of the garden. When she opened her eyes, she saw a flower hidden among the branches of a bush.

"There it is!" she exclaimed, carefully picking the flower.

"You have learned the lesson of spring: listening to your heart and trusting your instincts will lead you to growth and renewal," said Livia, and with another wave of her hand, she took them to the next season.

Summer welcomed them with warm sunshine and the sound of waves crashing on the shore. "Now you must face the challenge of summer," said Livia. "In this sea, you will find precious pearls, but to collect them, you must face the currents and winds."

Tommaso and Carlotta dived into the azure water. The sea was calm on the surface, but below, the currents were strong and unpredictable. "We must swim carefully and use the currents to our advantage," said Carlotta, trying to keep her balance.

Tommaso nodded and followed his friend, trying to move with the flow of the water rather than against it. After exploring the seabed, they found a group of shells, each containing a glowing pearl. "We did it!" shouted Tommaso, delighted.

"The lesson of summer is to learn to use the resources at your disposal and to work in harmony with the forces of nature," said Livia, as she transported them to the last season.

Autumn surrounded them with its warm colors and the rustling of leaves under their feet. "The final challenge awaits you here, in autumn," said Livia. "You must find the Fruit of Wisdom hidden among the trees of this forest."

Tommaso and Carlotta began to walk among the trees, laden with ripe fruit. The air was fresh, and a light breeze blew through the leaves, bringing with it a sense of calm and reflection. After a while, they saw an imposing tree with a single golden fruit hanging from the highest branch.

"That must be the Fruit of Wisdom," said Tommaso.

"But how do we reach it?" asked Carlotta, looking up at the high branch.

"You must use intelligence and cooperation," replied Livia. "Not all challenges are overcome with strength. Sometimes, wisdom lies in finding a creative solution together."

Tommaso had an idea. "Carlotta, you are small and light. If you climb on me, you can reach the branch."

Carlotta smiled and did as Tommaso suggested. Gently, she climbed onto her friend's back and managed to pick the golden fruit. "We got it!" she exclaimed happily.

"The lesson of autumn is the importance of wisdom and collaboration to overcome life's challenges," said Livia. "You have completed all the challenges and are now ready to return home."

With one last wave of her hand, Fairy Livia brought them back to their village, right next to the rose bush where they had found the lamp.

"Thank you, Livia, for this wonderful adventure," said Tommaso and Carlotta in unison.

"Never forget the lessons you have learned," said the fairy, as she disappeared in a golden cloud. "Each season has its secrets, and the true secret of time is to live each moment with attention and an open heart."

Tommaso and Carlotta looked at each other, smiling and enriched by the experience. From that day on, whenever they saw the seasons change, they remembered their adventure with Livia and tried to apply the lessons learned in their everyday lives.

And so, even in the small village, the story was often told of the mouse and the ladybug who discovered the secret of the seasons, teaching everyone that every moment is precious and that life should be faced with patience, trust, harmony, and wisdom.

Il Giardino dei Desideri Segreti

C'era una volta un piccolo villaggio circondato da colline verdeggianti e boschi fitti. In questo villaggio viveva un ragazzo di nome Leo, un bambino con una curiosità senza limiti e un grande amore per la natura. Leo passava le sue giornate esplorando i boschi vicini, raccogliendo pigne, foglie e bacche. Era sempre alla ricerca di qualcosa di nuovo e straordinario.

Un giorno, mentre esplorava una parte del bosco che non aveva mai visto prima, Leo trovò un vecchio cancello di ferro arrugginito nascosto tra i cespugli. Era parzialmente coperto da edera e muschio, e sembrava che nessuno lo avesse aperto da molto tempo. Incuriosito, Leo spinse il cancello con forza e, con un cigolio prolungato, riuscì ad aprirlo. Davanti a lui si estendeva un sentiero che serpeggiava tra alberi alti e rigogliosi.

"Sarà un giardino segreto," pensò Leo con gli occhi pieni di meraviglia. Decise di seguire il sentiero, curioso di scoprire dove lo avrebbe condotto.

Dopo aver camminato per un po', il sentiero si aprì su un grande giardino nascosto. Era un luogo incantato, con piante e fiori di ogni tipo, alcuni dei quali Leo non aveva mai visto prima. Alberi maestosi si innalzavano verso il cielo, e ruscelli scintillanti scorrevano dolcemente tra le rocce. Era come se il giardino fosse vivo, con una propria energia e magia.

Nel centro del giardino c'era un piccolo stagno con l'acqua cristallina, e accanto allo stagno, una vecchia quercia con un tronco imponente. Leo si avvicinò all'albero e notò qualcosa di strano: sul tronco c'era una piccola porta intagliata nel legno, abbastanza grande da far passare una persona della sua statura.

Incuriosito, Leo aprì la porticina e scoprì una scala a chiocciola che scendeva nel cuore della quercia. La scala era fatta di legno antico, e scendeva profondamente nel terreno. Senza esitazione, Leo iniziò a scendere.

Dopo aver percorso diversi gradini, si trovò in una stanza sotterranea, illuminata da fiammelle che danzavano dolcemente sulle pareti. Al centro della stanza c'era un tavolo di pietra, e su di esso giaceva un libro antico, con una copertina di cuoio decorata con simboli dorati.

Leo aprì il libro e vide che era scritto in una lingua che non conosceva. Tuttavia, le pagine sembravano emanare una luce tenue, come se contenessero qualcosa di molto speciale. Mentre sfogliava le pagine, una voce gentile risuonò nella stanza.

"Benvenuto, giovane esploratore," disse la voce. "Hai trovato il Giardino dei Desideri Segreti. Questo è un luogo dove i desideri più puri e sinceri possono prendere vita, ma solo coloro che sono guidati dal cuore possono accedere a questa magia."

Leo, sorpreso ma non spaventato, rispose: "Chi sei? E come posso far avverare un desiderio?"

"Mi chiamo Maia," rispose la voce. "Sono lo spirito del giardino, e sono qui per guidarti. Per far avverare un desiderio, devi piantare un seme nel giardino, ma non un seme qualunque. Questo giardino risponde solo a desideri che provengono dal profondo del cuore, desideri che portano felicità e armonia."

Leo pensò per un momento. Aveva molti desideri, ma voleva essere sicuro di esprimere quello giusto. Poi, improvvisamente, gli venne in mente un'idea.

"C'è una cosa che desidero veramente," disse Leo. "Vorrei che il mio villaggio fosse sempre in pace e che tutti gli abitanti fossero felici e in armonia tra loro."

"Un desiderio nobile," disse Maia. "Ma ricorda, un desiderio così grande richiede un atto di generosità altrettanto grande. Sei disposto a dare qualcosa di prezioso per te per far avverare questo desiderio?"

Leo ci pensò un attimo, poi annuì. "Sono disposto," disse con determinazione.

"Molto bene," rispose Maia. "Allora prendi questo seme speciale e piantalo nel giardino."

Un piccolo sacchetto di seta apparve sul tavolo di pietra. Leo lo aprì e trovò un seme d'oro, che brillava come se fosse fatto di pura luce. Prese il seme e risalì la scala a chiocciola, ritornando alla superficie del giardino.

Trovò un angolo tranquillo, vicino allo stagno, dove la terra sembrava particolarmente fertile. Con delicatezza, scavò una piccola buca e vi piantò il seme, coprendolo con la terra. Mentre lo faceva, sentì una strana sensazione di calore nel petto, come se il suo cuore stesse comunicando con il giardino.

Poi, si sedette accanto allo stagno, aspettando. Dopo alcuni istanti, il terreno cominciò a muoversi, e da sotto la terra emerse un piccolo germoglio. Leo guardò con stupore mentre il germoglio cresceva rapidamente, diventando una pianta rigogliosa con foglie verdi e fiori bianchi che emanavano un dolce profumo.

Ma il cambiamento più grande avvenne nel cuore di Leo. Sentì una profonda pace interiore e una gioia che non aveva mai provato prima. Sapeva che il suo desiderio stava per avverarsi, e che il giardino aveva accettato il suo dono.

Il giorno dopo, Leo tornò al villaggio, portando con sé un senso di pace e serenità. Notò subito che qualcosa era cambiato: gli abitanti del villaggio sorridevano di più, parlavano con gentilezza e si aiutavano a vicenda. L'atmosfera era più luminosa e gioiosa, come se una nuova energia avesse avvolto tutti.

Leo mantenne il suo segreto, sapendo che il giardino era un luogo sacro, un dono prezioso che doveva essere protetto. Continuò a visitarlo, piantando altri semi e facendo piccoli desideri per coloro che amava. Ogni volta che un seme germogliava, sapeva che un altro desiderio stava per avverarsi, portando ancora più felicità e armonia nel mondo.

E così, il Giardino dei Desideri Segreti continuò a esistere, nascosto tra i boschi, un luogo dove i desideri sinceri potevano diventare realtà. Ma solo coloro che erano guidati dal cuore e dalla purezza d'animo potevano trovarlo e scoprire la sua magia.

The Garden of Secret Wishes

Once upon a time, there was a small village surrounded by green hills and dense forests. In this village lived a boy named Leo, a child with boundless curiosity and a great love for nature. Leo spent his days exploring the nearby woods, collecting pinecones, leaves, and berries. He was always looking for something new and extraordinary.

One day, while exploring a part of the forest he had never seen before, Leo found an old rusty iron gate hidden among the bushes. It was partially covered in ivy and moss, and it seemed as if no one had opened it for a long time. Curious, Leo pushed the gate with all his strength, and with a prolonged creak, he managed to open it. In front of him stretched a path winding through tall, lush trees.

"It must be a secret garden," thought Leo, his eyes filled with wonder. He decided to follow the path, curious to discover where it would lead.

After walking for a while, the path opened up into a large hidden garden. It was an enchanted place, with plants and flowers of all kinds, some of which Leo had never seen before. Majestic trees soared toward the sky, and sparkling streams flowed gently between rocks. It was as if the garden was alive, with its own energy and magic.

In the center of the garden, there was a small pond with crystal-clear water, and next to the pond, a massive oak tree with an imposing trunk. Leo approached the tree and noticed something strange: there was a small door carved into the wood, large enough for someone of his size to pass through.

Intrigued, Leo opened the little door and discovered a spiral staircase descending into the heart of the oak. The staircase was made of ancient wood and spiraled deep into the ground. Without hesitation, Leo began to descend.

After walking down several steps, he found himself in an underground

room, illuminated by flames that danced softly on the walls. In the center of the room was a stone table, and on it lay an old book, its leather cover adorned with golden symbols.

Leo opened the book and saw that it was written in a language he did not know. However, the pages seemed to emit a soft light as if they contained something very special. As he flipped through the pages, a gentle voice echoed in the room.

"Welcome, young explorer," said the voice. "You have found the Garden of Secret Wishes. This is a place where the purest and most sincere wishes can come to life, but only those who are guided by the heart can access this magic."

Leo, surprised but not frightened, replied, "Who are you? And how can I make a wish come true?"

"My name is Maia," the voice replied. "I am the spirit of the garden, and I am here to guide you. To make a wish come true, you must plant a seed in the garden, but not just any seed. This garden responds only to wishes that come from the depths of the heart, wishes that bring happiness and harmony."

Leo thought for a moment. He had many wishes, but he wanted to be sure to express the right one. Then, suddenly, an idea came to him.

"There is one thing I truly wish for," said Leo. "I wish that my village is always at peace and that all the inhabitants are happy and in harmony with each other."

"A noble wish," said Maia. "But remember, a wish so great requires an act of generosity equally great. Are you willing to give up something precious to you to make this wish come true?"

Leo thought for a moment, then nodded. "I am willing," he said with determination.

"Very well," replied Maia. "Then take this special seed and plant it in the garden."

A small silk pouch appeared on the stone table. Leo opened it and found a golden seed, shining as if made of pure light. He took the seed and climbed the spiral staircase, returning to the surface of the garden.

He found a quiet spot near the pond where the soil seemed particularly fertile. Gently, he dug a small hole and planted the seed, covering it with earth. As he did so, he felt a strange warmth in his chest, as if his heart was communicating with the garden.

Then, he sat down by the pond, waiting. After a few moments, the ground began to move, and from beneath the earth emerged a small sprout. Leo watched in amazement as the sprout quickly grew, becoming a lush plant with green leaves and white flowers that emitted a sweet fragrance.

But the greatest change happened in Leo's heart. He felt a deep inner peace and joy he had never experienced before. He knew that his wish was about to come true and that the garden had accepted his gift.

The next day, Leo returned to the village, carrying a sense of peace and serenity. He immediately noticed that something had changed: the villagers smiled more, spoke kindly, and helped each other. The atmosphere was brighter and more joyful, as if a new energy had enveloped everyone.

Leo kept his secret, knowing that the garden was a sacred place, a precious gift that had to be protected. He continued to visit it, planting other seeds and making small wishes for those he loved. Each time a seed sprouted, he knew that another wish was about to come true, bringing even more happiness and harmony to the world.

And so, the Garden of Secret Wishes continued to exist, hidden in the woods, a place where sincere wishes could become reality. But only those who were guided by the heart and purity of spirit could find it and discover its magic.

La Torta Magica di Leo e Lina

C'era una volta, in un piccolo villaggio ai margini di un grande bosco, un fratello e una sorella di nome Leo e Lina. Leo era un bambino curioso e avventuroso, sempre alla ricerca di nuove scoperte, mentre Lina era dolce e creativa, con un amore particolare per la cucina. I due fratelli passavano gran parte del loro tempo insieme, inventando giochi e raccontandosi storie.

Un giorno, mentre giocavano vicino al margine del bosco, Leo e Lina trovarono una vecchia scatola di legno semi-sepolta sotto un cespuglio. La scatola era decorata con incisioni intricate di stelle e lune, e sembrava molto antica.

"Cosa ci sarà dentro?" chiese Lina con gli occhi pieni di curiosità.

"Non lo so, ma non vedo l'ora di scoprirlo!" rispose Leo, sollevando il coperchio della scatola con un po' di esitazione.

All'interno, trovarono un libro di ricette molto antico, con una copertina di pelle consumata dal tempo. Il titolo, scritto in lettere dorate, diceva: Le Ricette Magiche del Bosco Incantato.

"Wow! Pensa che meraviglia, un libro di ricette magiche!" esclamò Lina, emozionata.

"Meglio portarlo a casa e provare una delle ricette," suggerì Leo. "Magari possiamo preparare qualcosa di davvero speciale!"

I due fratelli tornarono di corsa a casa, portando con sé il libro. Una volta seduti al tavolo della cucina, iniziarono a sfogliare le pagine del libro, scoprendo ricette per ogni tipo di piatto immaginabile: torte che cambiavano colore, biscotti che facevano volare, e zuppe che ti permettevano di parlare con gli animali.

"Dobbiamo provare questa!" disse Lina, fermandosi su una ricetta chiamata La Torta dei Desideri.

Secondo la descrizione, questa torta aveva il potere di realizzare un desiderio per ogni fetta mangiata, ma solo se i desideri erano sinceri e provenivano dal cuore.

"Immagina cosa potremmo fare con una torta così!" disse Leo con un grande sorriso. "Potremmo desiderare tante cose meravigliose!"

Ma c'era un avvertimento in fondo alla pagina: Attenzione! Perché la torta funzioni, deve essere preparata con grande cura e amore. Solo chi ha il cuore puro può svelare il vero potere della Torta dei Desideri.

Leo e Lina si guardarono negli occhi. "Ce la faremo," disse Lina con convinzione. "Prepareremo la torta con tutto il nostro amore e attenzione."

Iniziarono a raccogliere gli ingredienti necessari. La ricetta richiedeva alcuni elementi che non avevano mai visto prima: Farina di Luna Piena, Latte di Stelle e Zucchero di Nuvola. Leo e Lina si misero al lavoro per trovare tutto il necessario.

"Ci servirà l'aiuto del bosco incantato," disse Leo, pensando intensamente.

Così, decisero di tornare al bosco e chiedere aiuto agli spiriti della natura. Quando arrivarono, trovarono una piccola radura circondata da alberi alti e maestosi. Nel centro della radura c'era un cerchio di pietre, e una leggera nebbia fluttuava appena sopra il terreno.

"Salve, spiriti del bosco," disse Lina con rispetto. "Siamo venuti a chiedere il vostro aiuto per preparare una torta magica che possa realizzare desideri."

Per un momento, tutto rimase silenzioso. Poi, un leggero fruscio tra gli alberi annunciò l'arrivo di un piccolo elfo, con ali trasparenti e occhi scintillanti.

"Benvenuti nel nostro bosco," disse l'elfo con una voce dolce. "Sono Elio, il guardiano delle piante. Posso aiutarvi a trovare ciò che cercate, ma prima dovete dimostrare di avere il cuore puro e di essere degni della magia del bosco."

Leo e Lina annuirono con serietà. "Siamo pronti," disse Leo.

Elio li guidò attraverso il bosco, dove incontrarono una serie di sfide. Prima, dovettero attraversare un ruscello che cambiava continuamente direzione. Poi, incontrarono un gufo parlante che pose loro indovinelli misteriosi. Infine, dovettero risolvere un enigma che riguardava l'equilibrio tra la natura e gli esseri umani.

Con ogni sfida superata, Elio li osservava con attenzione, e ad ogni successo, sorrideva compiaciuto.

"Avete dimostrato di essere degni," disse infine. "Ora vi porterò agli ingredienti magici che cercate."

Li condusse in una radura nascosta, dove crescevano fiori luminosi e alberi con frutti scintillanti. Al centro, un piccolo ruscello argentato scorreva, riflettendo la luce della luna.

"Qui troverete tutto ciò che vi serve," disse Elio, indicando i vari elementi. "La Farina di Luna Piena è ricavata dai petali di questi fiori, il Latte di Stelle scorre in quel ruscello, e lo Zucchero di Nuvola si raccoglie dalle foglie di quegli alberi."

Leo e Lina lavorarono insieme, raccogliendo con cura gli ingredienti, facendo attenzione a non danneggiare nulla nel bosco incantato. Una volta raccolto tutto, ringraziarono Elio e gli spiriti del bosco, promettendo di usare la magia con saggezza.

Tornarono a casa e iniziarono a preparare la Torta dei Desideri. Lina mescolava con delicatezza la Farina di Luna Piena, mentre Leo aggiungeva il Latte di Stelle e lo Zucchero di Nuvola. L'intera cucina era pervasa da un profumo dolce e leggero, come il vento di primavera.

"Questa torta deve essere perfetta," disse Lina concentrata. "Ogni passo della ricetta deve essere seguito con attenzione."

Quando la torta fu pronta, la misero in forno, e mentre cuoceva, Leo e Lina cominciarono a pensare ai loro desideri.

"Deve essere un desiderio speciale," disse Leo. "Non possiamo sprecare questa occasione."

"Ho un'idea," disse Lina, sorridendo. "Cosa ne pensi di desiderare qualcosa che renda felici tutti nel villaggio?"

Leo ci pensò su e poi annuì. "È una bellissima idea. Un desiderio che possa portare gioia a tutti."

Quando la torta fu finalmente cotta, la sfornarono con cura e la posarono al centro del tavolo. Era una torta bellissima, con una glassa dorata che brillava alla luce delle candele.

"È il momento," disse Lina. "Ora dobbiamo fare i nostri desideri."

Tagliarono la torta e presero una fetta ciascuno. Chiusero gli occhi e, con tutto il loro cuore, espressero il desiderio di portare felicità e pace al loro villaggio.

Mentre mangiavano la torta, sentirono un calore dolce e avvolgente nel loro petto. Era come se un'onda di gioia si stesse espandendo dal loro cuore verso l'esterno, toccando tutto ciò che li circondava.

Il giorno dopo, Leo e Lina si svegliarono con una sensazione di leggerezza e felicità. Quando uscirono di casa, notarono subito che il villaggio era diverso. Le persone si salutavano con sorrisi calorosi, i bambini giocavano insieme con allegria, e persino gli animali sembravano più sereni.

"Ha funzionato!" esclamò Leo, meravigliato. "Il nostro desiderio si è avverato!"

Da quel giorno, il villaggio divenne un luogo di pace e armonia. Leo e Lina continuarono a custodire il segreto della Torta dei

Desideri, usandola solo in occasioni speciali per portare gioia a chi ne aveva bisogno.

E così, il piccolo villaggio ai margini del grande bosco visse felice e in armonia, grazie al cuore puro di due fratelli e alla magia di una torta fatta con amore.

Leo and Lina's Magic Cake

Once upon a time, in a small village on the edge of a large forest, lived a brother and sister named Leo and Lina. Leo was a curious and adventurous boy, always looking for new discoveries, while Lina was sweet and creative, with a particular love for cooking. The two siblings spent most of their time together, inventing games and telling each other stories.

One day, while playing near the edge of the forest, Leo and Lina found an old wooden box half-buried under a bush. The box was decorated with intricate carvings of stars and moons, and it looked very old.

"What could be inside?" Lina asked, her eyes full of curiosity.

"I don't know, but I can't wait to find out!" replied Leo, lifting the lid of the box with a bit of hesitation.

Inside, they found a very old recipe book, with a leather cover worn by time. The title, written in golden letters, read: The Enchanted Forest's Magic Recipes.

"Wow! Imagine the wonders, a book of magic recipes!" exclaimed Lina, excited.

"We should take it home and try one of the recipes," suggested Leo. "Maybe we can make something really special!"

The two siblings rushed home, carrying the book with them. Once seated at the kitchen table, they began to flip through the pages, discovering recipes for every imaginable dish: cakes that changed color, cookies that made you fly, and soups that let you talk to animals.

"We have to try this one!" said Lina, stopping at a recipe called The Wish Cake.

According to the description, this cake had the power to grant a wish for each slice eaten, but only if the wishes were sincere and came from the heart.

"Imagine what we could do with a cake like that!" said Leo with a big smile. "We could wish for so many wonderful things!"

But there was a warning at the bottom of the page: Beware! For the cake to work, it must be prepared with great care and love. Only those with a pure heart can unlock the true power of the Wish Cake.

Leo and Lina looked into each other's eyes. "We can do it," said Lina confidently. "We'll make the cake with all our love and attention."

They began gathering the necessary ingredients. The recipe called for some elements they had never seen before: Full Moon Flour, Star Milk, and Cloud Sugar. Leo and Lina set to work to find everything they needed.

"We'll need the help of the enchanted forest," said Leo, thinking intensely.

So, they decided to return to the forest and ask for help from the spirits of nature. When they arrived, they found a small clearing surrounded by tall, majestic trees. In the center of the clearing was a circle of stones, and a light mist floated just above the ground.

"Hello, spirits of the forest," Lina said respectfully. "We've come to ask for your help in making a magic cake that can grant wishes."

For a moment, everything was silent. Then, a slight rustling among the trees announced the arrival of a small elf, with transparent wings and sparkling eyes.

"Welcome to our forest," said the elf in a sweet voice. "I am Elio, the guardian of the plants. I can help you find what you seek, but first, you must prove that you have a pure heart and are worthy of the forest's magic."

Leo and Lina nodded seriously. "We're ready," said Leo.

Elio led them through the forest, where they encountered a series of challenges. First, they had to cross a stream that constantly changed direction. Then, they met a talking owl who posed them mysterious riddles. Finally, they had to solve a puzzle about the balance between nature and humans.

With each challenge they overcame, Elio watched them closely, and with every success, he smiled approvingly.

"You've proven yourselves worthy," he finally said. "Now I will take you to the magical ingredients you seek."

He led them to a hidden clearing where luminous flowers grew and trees bore sparkling fruits. In the center, a small silver stream flowed, reflecting the moonlight.

"Here you will find everything you need," said Elio, pointing to the various elements. "The Full Moon Flour comes from the petals of these flowers, the Star Milk flows in that stream, and the Cloud Sugar can be collected from the leaves of those trees."

Leo and Lina worked together, carefully gathering the ingredients, making sure not to harm anything in the enchanted forest. Once they had everything, they thanked Elio and the forest spirits, promising to use the magic wisely.

They returned home and began preparing the Wish Cake. Lina gently mixed the Full Moon Flour while Leo added the Star Milk and Cloud Sugar. The entire kitchen was filled with a sweet, light fragrance, like the spring breeze.

"This cake has to be perfect," said Lina, focused. "Every step of the recipe must be followed carefully."

When the cake was ready, they placed it in the oven, and while it baked, Leo and Lina began thinking about their wishes.

"It has to be a special wish," said Leo. "We can't waste this opportunity."

"I have an idea," said Lina, smiling. "What do you think about wishing for something that would make everyone in the village happy?"

Leo thought about it and then nodded. "That's a wonderful idea. A wish that can bring joy to everyone."

When the cake was finally baked, they carefully took it out and placed it in the center of the table. It was a beautiful cake, with a golden frosting that sparkled in the candlelight.

"It's time," said Lina. "Now we must make our wishes."

They cut the cake and each took a slice. They closed their eyes and, with all their hearts, wished to bring happiness and peace to their village.

As they ate the cake, they felt a warm, sweet sensation enveloping their hearts. It was as if a wave of joy was expanding from their hearts outward, touching everything around them.

The next day, Leo and Lina woke up with a feeling of lightness and happiness. When they went outside, they immediately noticed that the village was different. People greeted each other with warm smiles, children played together happily, and even the animals seemed more serene.

"It worked!" exclaimed Leo, amazed. "Our wish came true!"

From that day on, the village became a place of peace and harmony. Leo and Lina continued to keep the secret of the Wish Cake, using it only on special occasions to bring joy to those in need.

And so, the small village on the edge of the great forest lived happily and in harmony, thanks to the pure hearts of two siblings and the magic of a cake made with love.